Pour Leo
For Leo

Hieronymus Betts and his Unusual Pets copyright © Frances Lincoln Limited 2005
English text and illustrations copyright © M.P. Robertson 2005

French translation copyright © Frances Lincoln Limited 2007
Translation into French by ToLocalise
www.ToLocalise.com
info@tolocalise.com

First published in Great Britain and the USA in 2005 by
Frances Lincoln Children's Books, 4 Torriano Mews,
Torriano Avenue, London NW5 2RZ
www.franceslincoln.com

This edition published in Great Britain and the USA in 2007

British Library Cataloguing in Publication Data available on request

ISBN 978-1-84507-759-4

Illustrated with pen and ink and watercolour

Printed in Singapore

1 3 5 7 9 8 6 4 2

**Visit M.P. Robertson's website
at www.mprobertson.com**

Hiéronyme de Carmot
et ses drôles d'animaux
Hieronymus Betts and his Unusual Pets

M.P. Robertson

F

FRANCES LINCOLN
CHILDREN'S BOOKS

Hiéronyme de Carmot a de drôles d'animaux.

Hieronymus Betts has unusual pets.

KEEP DOGS
ON
LEAD

Labave, le limapopotame est le plus gluant,

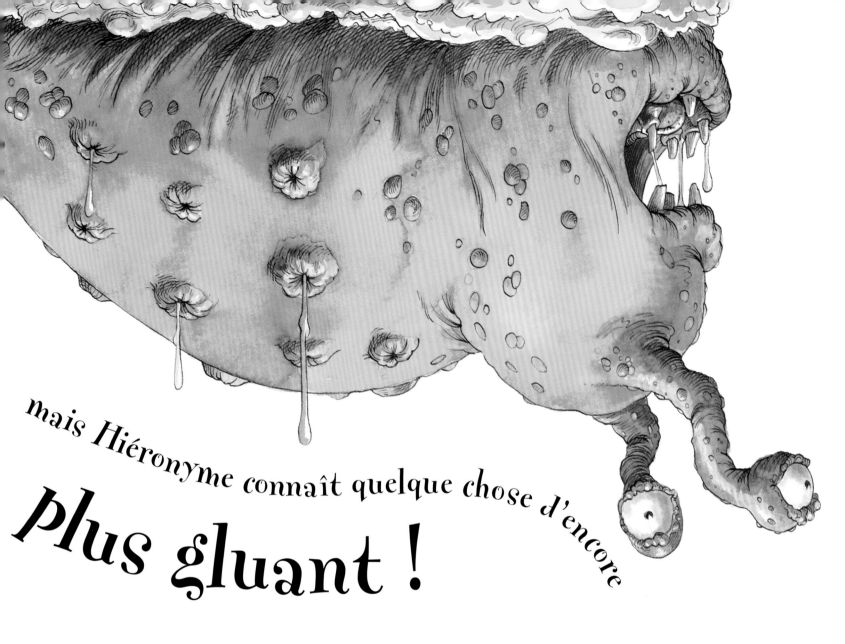

mais Hiéronyme connaît quelque chose d'encore
plus gluant !

Slurp the slugapotamus is his slimiest pet
but Hieronymus knows of something even
slimier!

Braillard le grand hurleur tacheté
est le plus bruyant, mais Hiéronyme
chose d'encore
connaît quelque

plus bruyant !

Screech the greater-spotted howler bird is his noisiest
pet but Hieronymus knows of something even
noisier!

Niko, le crapeaurhino aux dents pointues,

est le plus gourmand, mais Hiéronyme
connaît quelque chose d'encore
plus gourmand !

Gobbler the sabre-toothed rhino-toad is his greediest pet
but Hieronymus knows of something even
greedier!

Câlin, le serpenquipic, est le plus effrayant, mais Hiéronyme connaît quelque chose d'encore

plus effrayant !

Cuddles the porcupython is his scariest pet
but Hieronymus knows of something even
scarier!

Grognard, le lièvre grizzly, est le plus féroce,
mais Hiéronyme connaît quelque chose d'encore

plus féroce !

Growler the grizzly hare is his fiercest pet
but Hieronymus knows of something even
fiercer!

Tupu, le porc de vase, est le plus malodorant,

mais Hiéronyme connaît quelque chose qui sent encore **plus mauvais !**

Stinker the bog hog is his smelliest pet but Hieronymus knows of something even **smellier!**

Quésécsa, le machin-truc,
est le plus bizarre,

Oojamaflip the whatchamacallit
is his strangest pet
but Hieronymus knows of something even
stranger!

mais Hiéronyme connaît
quelque chose d'encore
plus
bizarre...

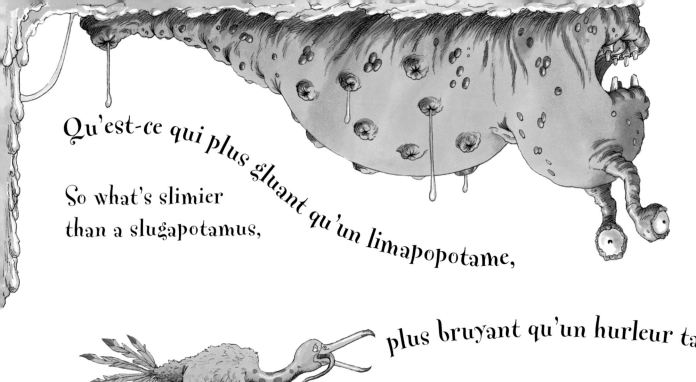

Qu'est-ce qui plus gluant qu'un limapopotame,

So what's slimier
than a slugapotamus,

plus bruyant qu'un hurleur tacheté,

noisier than a greater-spotted howler bird,

plus gourmand qu'un crapeaurhino aux dents pointues,

greedier than a sabre-toothed rhino-toad,

plus effrayant qu'un serpenquipic,

scarier than a porcupython,

plus féroce qu'un lièvre grizzly,

fiercer than a grizzly hare,

plus malodorant qu'un porc de vase,

smellier than a bog hog,

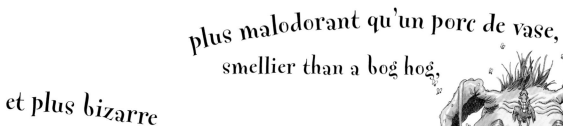

et plus bizarre
qu'un machin-truc ?

and stranger
than a whatchamacallit?

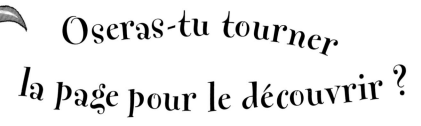

Oseras-tu tourner
la page pour le découvrir ?

Dare you turn this page to find out?

C'est le petit frère de *Hiéronyme* !

Hieronymus's little brother – that's what!

Mais même

s'il est plus gluant
qu'un limapopotame,

But even though he's
slimier than a slugapotamus,

plus bruyant qu'un

hurleur tacheté

noisier than a greater-spotted howler bird,

plus gourmand qu'un
crapeaurhino aux dents pointues,

greedier than a sabre-toothed
rhino-toad,

plus effrayant qu'un serpenquipic,

scarier than a porcupython,

plus féroce qu'un
lièvre grizzly,

fiercer than
a grizzly hare,

plus malodorant qu'un porc de vase,

smellier than a bog hog,

et plus bizarre qu'un
machin-truc…

and stranger than
a whatchamacallit…

aucun des animaux de Hiéronyme
n'est aussi marrant que lui !

he's more fun
than any pet could ever be!